INSTITUT DE FRANCE

PUBLICATIONS DIVERSES

DE L'ANNÉE 1899

NOTICES BIOGRAPHIQUES. — FUNÉRAILLES

SÉANCES PUBLIQUES ANNUELLES. — RÉCEPTIONS A L'ACADÉMIE FRANÇAISE

CÉRÉMONIES DIVERSES. — RAPPORTS, ETC.

PARIS

TYPOGRAPHIE DE FIRMIN-DIDOT ET Cie

IMPRIMEURS DE L'INSTITUT DE FRANCE, RUE JACOB, 56

M DCCC XCIX

TABLE

Académie :	
des Sciences morales .	11. Rapport sur le prix Audiffred (actes de dévouement), par M. Félix Rocquain (22 avril 1899).
des Beaux-Arts . . .	12. Notice sur la vie et les œuvres de M. Charles Garnier, par M. Moyaux (22 avril 1899).
Française	13. Second centenaire de la mort de Racine, à Port-Royal (25 avril 1899). [Discours de MM. Jules Lemaître et Henry Houssaye].
des Inscriptions . . .	14. Rapport de la Commission des Écoles d'Athènes et de Rome sur les travaux de ces deux Écoles pendant l'année 1897-1898, par M. Eugène Müntz (12 mai 1899).
des Beaux-Arts . . .	15. Funérailles de M. le comte Delaborde (20 mai 1899). — [Discours de MM. Henry Roujon, Jules Lefebvre, Larroumet, Guillaume, Bonnat, Delisle et Brunetière].
Française	16. Inauguration de la Statue de Lamartine, à Belley (22 mai 1899). — [Discours de M. André Theuriet].
des Sciences	17. Inauguration de la Statue du baron Larrey, à Paris (8 juin 1899). [Discours de M. Guyon].
des Beaux-Arts . . .	18. Inauguration de la Statue de Léo Delibes, à La Flèche (18 juin 1899). — [Discours de MM. Henry Roujon et Théodore Dubois].
Française	19. Funérailles de M. Cherbuliez (4 juillet 1899). — [Discours de MM. Émile Ollivier et Brunetière].
des Inscriptions . . .	20. Rapport fait au nom de la Commission des Antiquités de la France, par M. Salomon Reinach (12 juillet 1899).
des Beaux-Arts . . .	21. Notice sur la vie et les œuvres de M. Alphand, par M. Georges Lafenestre (29 juillet 1899).
des Inscriptions . . .	22. Notice sur la vie et les travaux du baron A. de Ruble, par le R. P. Henry Thédenat (11 août 1899).
des Beaux-Arts . . .	23. Troisième centenaire de Van Dyck, à Anvers

Académie :

	[Discours de MM. Georges Lafenestre et Daumet]. (13 août 1899).
Française	24. Inauguration du Monument de Maistre, à Chambéry. [Discours de M. le marquis Costa de Beauregard]. (20 août 1899).
des Sciences morales .	25. Funérailles de M. Janet (6 octobre 1899). — [Discours de MM. Himly et Croiset].
Institut de France. .	26. Inauguration du Monument du duc d'Aumale, à Chantilly. — [Discours de M. Boissier et poésie par M. le vicomte de Bornier]. (15 octobre 1899).
des Sciences.	27. Inauguration de la Statue de Félix Tisserand, à Nuits-Saint-Georges (15 octobre 1899). — [Discours de MM. Bassot, Lœwy, Poincaré et Callandreau].
les Cinq académies. .	28. Séance publique annuelle des Cinq Académies (25 octobre 1899). — [Discours de M. Van Tieghem, président. — Le Forum romain et les fouilles récentes, par le R. P. Thédenat. — Les aberrations de la notion du temps dans les légendes du moyen âge, par M. Gebhart. — Le voyage en Italie de M. le marquis de Vandières et de sa compagnie (1749-1751), par M. Henry Roujon. — Le sergent Sans-Soucy, histoire du temps de Louis XV, par M. Henry Houssaye].
Française	29. Inauguration du Monument de Marmontel, à Saint-Aubin-sur-Gaillon (29 octobre 1899). — [Discours de M. Gaston Boissier].
des Beaux-Arts . . .	30. Séance publique annuelle (4 novembre 1899). — [Discours de M. Jules Lefebvre, président. — Notice sur la vie et les œuvres de M. Charles Garnier, par M. Gustave Larroumet, secrétaire perpétuel].
des Inscriptions . . .	31. Notice sur la vie et les travaux de M. Charles Schefer, par M. Bouché-Leclercq (3 et 10 novembre 1899).
des Inscriptions . . .	32. Funérailles de M. Arthur Giry (15 novembre

Académie :	
	1899). — [Discours de MM. Croiset, Paul Meyer, Monod et Viollet].
des Inscriptions . . .	33. Séance publique annuelle. (17 novembre 1899). — [Discours de M. Alfred Croiset, président. — Notice historique sur la vie et les travaux de M. le comte de Mas Latrie, par M. H. Wallon, secrétaire perpétuel. — Un Égyptologue oublié, Jean-Baptiste Adanson (1732-1804), par M. Hamy].
Française	34. Inauguration du Monument de Ferdinand de Lesseps, à Port-Saïd (17 novembre 1899). [Discours de M. le vicomte de Vogüé].
Française	35. Séance publique annuelle (23 novembre 1899). — [Rapport de M. Gaston Boissier, secrétaire perpétuel, sur les Concours de l'année 1899. — Rapport sur les prix de vertu, par M. Brunetière].
des Sciences morales.	36. Séance publique annuelle (2 décembre 1899). — [Discours de M. Himly, président. — Notice historique sur la vie et les travaux de Hippolyte Passy, par M. Georges Picot, secrétaire perpétuel].
des Beaux-Arts . . .	37. Inauguration du Monument élevé à la mémoire de J.-C.-A. Alphand, à Paris (14 décembre 1899). — [Discours de M. Gustave Larroumet].
des Sciences.	38. Séance publique annuelle (18 décembre 1899). — [Discours de M. Van Tieghem président. — Notice historique sur la vie et les travaux de M. Félix Tisserand, par M. Joseph Bertrand, secrétaire perpétuel].
Française.	39. Discours prononcés pour la réception de M. Lavedan (28 décembre 1899). — [Discours de M. Lavedan, élu en remplacement de M. Meilhac. — Discours de M. le marquis Costa de Beauregard].

TABLE ALPHABÉTIQUE DES NOMS D'AUTEURS

Paris. — Typ. Firmin-Didot et Cie, 56, rue Jacob. — 38780.

INSTITUT DE FRANCE

ACADÉMIE DES BEAUX-ARTS

NOTICE

SUR

M. Auguste-Thomas-Marie BLANCHARD

PAR

M. LÉOPOLD FLAMENG

MEMBRE DE L'ACADÉMIE

Lue dans la séance du 7 janvier 1899

PARIS

TYPOGRAPHIE DE FIRMIN-DIDOT ET Cie

IMPRIMEURS DE L'INSTITUT DE FRANCE, RUE JACOB, 56

M DCCC XCIX

INSTITUT DE FRANCE

ACADÉMIE DES BEAUX-ARTS

NOTICE

SUR

M. AUGUSTE-THOMAS-MARIE BLANCHARD

PAR

M. LÉOPOLD FLAMENG

MEMBRE DE L'ACADÉMIE

Lue dans la séance du 7 janvier 1899

MESSIEURS,

Dans la vie fiévreuse et inquiète de notre époque, c'est un spectacle doux au cœur et réconfortant que de s'arrêter un instant à envisager une existence d'artiste, exclusivement faite de tendresse dans la vie de famille, de sûreté dans les relations amicales, de probité dans le talent et dont l'irréprochable conscience commande à la fois l'admiration et le respect.

Cette belle carrière, unie, limpide, reposante, dans sa parfaite harmonie, rappelle les beaux et longs jours d'été. Telle fut celle de Auguste-Thomas-Marie Blanchard, qui, récemment encore, siégeait parmi vous. Je sens tout l'honneur qui m'est fait en succédant à cet homme de cœur, à cet artiste de grand mérite. Aussi mon premier devoir est-il d'en exprimer ma profonde et sincère gratitude à l'Académie des Beaux-Arts.

Blanchard a suivi la route lumineuse du bien et du beau, naturellement, sans combats, obéissant ainsi à ses instincts de droiture et de loyauté. Né à Paris en 1819, on peut dire que dès le berceau la destinée propice semble avoir veillé sur lui pour écarter de son chemin les ronces et les épines. Il eut ce premier bonheur de voir le jour dans une famille assez modeste pour qu'il pût sentir le prix des nombreuses faveurs dont la fortune allait le combler, et pour ne pas considérer toutes les grâces de la vie comme un tribut qui lui était dû par le seul fait qu'il avait pris la peine de naître. Toutefois, ses parents étaient dans une situation assez aisée pour qu'il n'eût jamais à connaître la lutte décevante contre le besoin et les dures épreuves de la misère tenace, dont les cœurs bien trempés finissent le plus souvent par triompher, mais qui laisse les âmes moins robustes comme pénétrées jusqu'en leurs derniers jours d'un relent d'amertume.

Fils d'artiste, il n'eut pas à lutter contre sa vocation. Son père, graveur de mérite, s'était acquis, dans une traduction sage et correcte de Rubens et du Dominiquin, une notoriété méritée ; ce fut lui qui plaça le burin entre les doigts de son fils, et sous le jour tamisé du châssis blanc, « tableau qui dans sa simplicité vaut bien pour nous d'emphatiques pages d'histoire », on put les voir, le père et l'enfant, installés côte à côte, celui-ci suivant avec une docile admiration le travail de son cher professeur, celui-là cherchant à transmettre à son héritier bien-aimé tout ce qu'il avait pu acquérir de talent, d'habileté, de maîtrise.

Blanchard père avait connu la légitime notoriété; il voulut que son fils aspirât à la gloire et pour cela qu'il étendît le champ de ses études. Heureux de donner à ce talent naissant la solide assiette dont il avait besoin, il le fit entrer dans l'atelier très fréquenté de Michel-Martin Drolling. Le jeune homme allait s'y rencontrer avec l'élite des jeunes artistes de son temps, avec cette pléiade de talents si divers qui sont demeurés l'honneur de la génération précédente, et dont notre cher et vénéré Jules Breton est un des derniers représentants dans cette enceinte.

Auguste Blanchard progressa vite dans un si favorable milieu; fils et petit-fils d'artistes, l'atavisme du talent s'imposait. Par sa mère, il était le descendant immédiat de Brenet, graveur en médailles du premier Empire. Son maître l'aimait; lorsqu'il était encore à l'atelier, il lui fit graver le portrait de Huyot, l'un des architectes de l'Arc de Triomphe. Quand notre jeune élève fut admis à monter en loge, il obtint du premier coup le second grand prix de Rome. Sa carrière, à ce moment, semblait assurée; le chemin était tout tracé et il n'avait qu'à persévérer une année ou deux pour obtenir cette suprême récompense, dont le législateur, dans son souci pour les intérêts de l'art, vous a faits les dispensateurs. Un pas encore et il partait pour Rome, en compagnie de camarades, d'amis appelés comme lui à une belle carrière et dont la solide et traditionnelle affection l'eût suivi durant toute sa vie. Comme beaucoup d'entre vous, Messieurs, il aurait eu *nos* peintre, *son* sculpteur, *son* architecte, il aurait bâti autour de son activité ce rempart inébranlable, fait de généreuse et glorieuse solidarité, qu'apprécient surtout ceux qui, comme moi, ont dû, ignorés et solitaires, pousser dans un champ âpre et désert leurs premiers et douloureux sillons.

Eh bien! tout ce bel avenir parut s'envoler soudain : l'amour était venu se jeter à la traverse, grâce à une épouse chérie, à une compagne modèle. Il fut assez romanesque « pour se contenter du bonheur », suivant le mot charmant de Xavier de Maistre. Car la vie de famille le lui donna jusqu'au bout. Le 29 janvier 1892, il pouvait célébrer avec une profonde reconnaissance la cinquantaine de son union, de joyeuses noces d'or, escorté de ses enfants, petits-enfants et d'un arrière-petit-fils. Son appartement de la rue de la Victoire fut ce jour-là trop petit pour contenir tous ceux qui se pressaient autour de lui, tous ceux qui l'aimaient.

Dans ce long intervalle, Blanchard avait rempli tous ses devoirs et les jours de deuil l'avaient trouvé toujours semblable à lui-même, c'est-à-dire un homme d'un noble cœur. Pendant le siège de Paris, il était rentré dans la ville investie avec toute sa famille, sauf son second fils, officier d'artillerie, qui faisait partie de l'armée de Metz. Malgré son âge il prit du service dans la garde nationale avec ses fils. L'aîné, Édouard Blanchard, alors pensionnaire de l'Académie de France à Rome, se trouvait à Paris. Au moment de la déclaration de guerre, il avait tenu à rester et à prendre sa part, lui aussi, dans la défense de la patrie. La demeure de la rue de la Victoire devint, en ces tristes jours, un centre de réunion pour tous les camarades de ses enfants. Parmi eux, il convient de citer en première ligne le très regretté H. Regnault, un grand artiste, qui mourut en héros, et le sculpteur Barrias, notre cher et éminent confrère.

Ainsi, aux temps douloureux de l'invasion, cette maison hospitalière était le refuge de ceux qui avaient besoin du spectacle d'un peu de bonheur intime, pour ne point désespérer de la vie. Paisible et doux asile, au seuil duquel on déposait son fusil, en revenant du rempart; table frugale à laquelle chacun apportait son pain et où, dans les derniers temps du siège, on ne trouvait plus qu'un seul plat, mais celui-là toujours copieux et réconfortant, celui de la bonne mine.

Blanchard avait une autre demeure à laquelle ne se rattachent que des souvenirs riants, cette maison ensoleillée et verdoyante de Luzarches, où un défilé perpétuel d'amis, d'enfants et de petits-enfants venait encore assister à son bonheur. Là se retrouvaient, parmi les plus illustres et les plus fidèles, Gounod, Massard, Cavelier, Dubufe, pour ne parler que de ceux qui l'ont précédé dans la tombe!

A côté de sa compagne qui ne le quitta jamais, dans un grand atelier rempli de fleurs, ouvrant sur un jardin d'où la vue s'étend sur la plantureuse et riante campagne, dès le matin, Blanchard s'asseyait à sa table de graveur et se mettait au travail. C'était un doux instant de calme et de solitude. En ce moment l'atelier était désert et le rêve de l'artiste errait librement. Le murmure confus d'une maison qui s'éveille se faisait seul entendre. Mais bientôt tout s'animait; grands et petits descendaient embrasser le grand-père.

C'est dans ces deux retraites, au milieu des joies familiales, que la vie de l'artiste s'écoula doucement jusqu'au bout, bonne, simple et pourtant bien remplie. Son talent se dora d'un reflet de son bonheur : comme lui il fut sage, précis, élevé et sobre.

Héritier des traditions que nous avait léguées le célèbre Bervic, et que les illustres élèves de ce maître — les Henriquel Dupont, les Toschi, les Caron, les Calamatta — devaient transmettre à notre génération par une série de chefs-d'œuvre, Blanchard les continuait. C'est des maîtres de cette glorieuse école qu'on a pu dire que leur génie était fait de patience et d'abnégation. Il leur fallait un talent de premier ordre ainsi qu'une somme extraordinaire de probité artistique, pour ne point sacrifier le principal à l'accessoire, c'est-à-dire la forme et la volonté du maître que l'on copie à la virtuosité de l'outil. Notre confrère sut se garder de pareilles erreurs. Il se maintint en des limites heureuses de fidélité et d'originalité. C'est par là que se distingue son talent et par ces qualités que l'*Antiope du Corrège,* traduite par son burin, est une œuvre qui, par la souplesse de ses tailles et le charme de sa maîtrise, occupe une place à part parmi les meilleures œuvres de la gravure moderne.

Avec un éclectisme et une aisance que possèdent seulement les maîtres de l'art, Blanchard s'attaqua aux peintres les plus divers : Paul Delaroche, Ary Scheffer, Meissonier, furent tour à tour interprétés par lui avec une rare perfection. Dans un autre ordre de productions, son *Derby d'Epsom* eut un succès prodigieux et sans précédent. La publication de cette planche fut une fortune pour l'éditeur Gambart. A partir de ce temps, Blanchard devint son graveur préféré, le traducteur attitré de Millais, Alma Tadema et Hunt.

« Le fruit du travail, a dit Vauvenargues, est le plus doux des plaisirs. » Ce plaisir, Blanchard le goûta pleinement; et je n'ai encore rien dit des joies qu'il rencontrait au milieu de vous, de cette cordialité que vous savez si bien pratiquer, de cette courtoisie délicate qui place dans vos réunions le génie et le talent sur le même plan. La nomination de Blanchard à l'Académie des Beaux-Arts put lui paraître, comme à bien d'autres, le couronnement d'une longue et laborieuse carrière, le but glorieux et la plus haute récompense de ses efforts.

Il fut encore heureux en ceci, qu'il connut cette joie suprême de se survivre en ses enfants, artistes comme lui, héritiers du feu sacré, qui, transmis à travers quatre générations, brille encore de vives lueurs. Mais une ombre douloureuse vient obscurcir ici un tableau lumineux et doux : la mort prématurée de son fils Édouard, grand prix de Rome, emporté au seuil de ses succès, vint prouver tristement à un homme qui méritait pleinement son bonheur que, dans une vie humaine, la douleur a toujours sa part.

Un grand philosophe a dit que la plupart des hommes meurent en attendant la vie. Blanchard fit exception à cette règle. Quand il mourut, chargé d'ans, il n'avait plus rien à attendre. Il vida la coupe des satisfactions honnêtes et des joies douces, soigné et servi par ses fils respectueux et dévoués, entouré de la considération de tous ceux qui l'avaient connu, de l'estime et de l'affection générales. Sa fin fut calme et sereine comme avait été sa vie. Quant à sa carrière, dans sa simplicité comme dans sa modestie, elle n'a manqué ni d'élévation, ni de grandeur.

Paris. — Typographie de Firmin-Didot et Cie, impr. de l'Institut, rue Jacob, 56. — 37344

www.ingramcontent.com/pod-product-compliance
Lightning Source LLC
LaVergne TN
LVHW052033160826
845678LV00003B/1326

9782329636733